經典少年遊

015

馬致遠

歸隱的曲狀元

Ma Chih-yüan
The Carefree Playwright

繪本

故事◎張瓊文
繪圖◎簡漢平

在元朝，有個很有名的作曲家，名叫馬致遠。他寫出了許多膾炙人口的戲曲，於是又有「曲狀元」的稱號。

他從小家境就很富裕，也很有音樂才華。不過，他跟一般的富家子弟不同，他很喜歡觀察人，非常富有正義感。

他看到元朝當政的蒙古人，常常藉機欺負漢人，於是，他下定決心要當官來照顧百姓。

馬致遠長大後，積極地爭取當官的機會，卻總是被安排到不起眼的小職位，因此他的理想一直難以伸展。

4

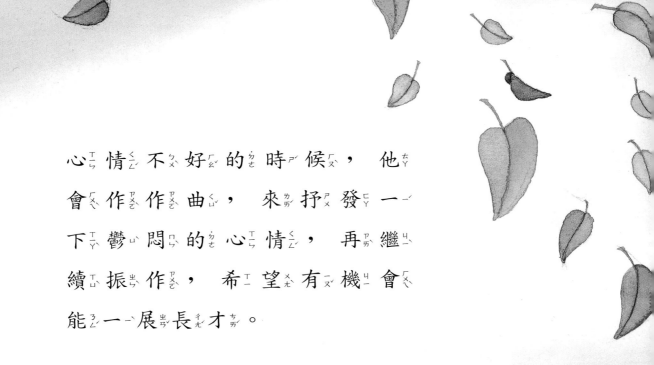

心情不好的時候，他會作作曲，來抒發一下鬱悶的心情，再繼續振作，希望有機會能一展長才。

5

有天，他在窗前作曲作到一半，窗外一陣秋風吹起，這陣風讓馬致遠有些想家了。他心想，在外面闖蕩，求取官職這麼久，看那官場上都是一些爭權奪利的戲碼，沒有人真心為百姓著想，失望透頂的他想著：「也該是時候回鄉了。」

一一決定好，馬致遠
立刻整裝啟程，毫
不留戀這虛華的官
場生活，只攜帶著
一只行囊，騎上馬
返鄉。

7

遠遠地，夕陽逐漸西下。一眼望去，盡是滾滾黃沙。馬致遠騎著瘦弱的馬兒，蕭颯的西風不停地吹著，沿途的老樹都已枯萎，只剩下一隻老烏鴉在枯枝上低鳴著，彷彿在催促著馬致遠趕緊回家。

行經西湖畔，馬致遠瞧見一群遊人開心地在亭中唱遊。這一幕看得他作曲家的興致一起，跟著吹起笛子相呼應，沉醉在西湖美麗的景致中。

「噹！噹！噹！」原來是古寺報時的鐘聲響起了，「這座寺廟的鐘聲是如此的宏亮，令人感到平和啊！」遠在一處正在過橋的馬致遠，心頭激動了一下。

馬致遠趕著路，心裡卻想著：「走了好幾天了，回鄉的路才剛過一半，如果能坐在老鷹的背上，飛越這蒼茫的人世、飛越這擾人的是非之地，回到屬於我的地方，那該有多好啊！」

15

馬致遠不禁開始想像著自己已經回到家鄉的生活：「花開得再美，總是要凋零。而官做得再大，人還是得兩手空空地離開。所以何必爭權奪利呢？還是好好享受大自然的美景比較愉快！」

「如果我是一株葫蘆，風吹來的時候，隨著柳樹枝條跟我的葫蘆葉一同搖曳，那又是何等享受啊！原來，我正是清風明月的主人哪！我本來就屬於這種生活，為什麼一直到現在，才發現這其中的美妙！」

19

經過這一番想像，馬致遠才驚覺，像莊子一般化身成一隻蝴蝶，或是像陶淵明，不為五斗米折腰，原來這就是最大的幸福了。

與他最心愛的大自然為伍，在山林田野中快意地創作詞曲，還有什麼東西比得上呢？

馬致遠
歸隱的曲狀元

讀本

原著◎馬致遠
原典改寫◎岑澎維

寫出膾炙人口的元曲作品，
成為元曲大家的馬致遠，到底和什麼人有關呢？

馬致遠（約 1260 ～ 1321 年），字千里，號東籬，元代著名的戲劇家、散曲家。青年時期仕途坎坷，中年中進士，曾任江浙行省官吏，後在大都（今北京）任工部主事。晚年不滿時政，隱居田園。他的散曲與雜劇作品題材廣泛，風格豪放飄逸。

相關的人物

元世祖

元世祖忽必烈為蒙古人，繼承了大蒙古國之後，將國號改為大元，建立元朝。隨後滅了南宋，統一全國。元世祖創建元朝後，為長久以漢人為主的中原文化，帶來了許多來自於北方民族的不同文化、不同思維。其中，以文學來說，因為有北方民族歌謠戲曲的加入，在舊有的宋詞傳統上，激盪出新的文學火花，進而發展成了元曲。而馬致遠更是元曲中的佼佼者，創作出一首首留芳千古的元曲作品。

元曲四大家

除了馬致遠外，元代較為傑出的作曲家還有關漢卿、白樸、鄭光祖等人，經過後世文人的分析與評論之後，認為這三人與馬致遠的元曲風格各有所長，於是將四人評為「元曲四大家」。

陶淵明

受到陶淵明思想的啟發，晚年的馬致遠十分享受歸隱田園的生活，他甚至自號東籬，就是以陶淵明的詩句「采菊東籬下，悠然見南山」來自我期許。

賈仲明

馬致遠另有一個稱號為「曲狀元」。這不是由他自封，而是賈仲明所提出的。賈仲明是元末明初的雜劇作家，他撰寫了《錄鬼簿續編》，評論了其他劇作家的作曲風格。他十分推崇馬致遠的元曲作品，稱讚馬致遠是「戰文場，曲狀元，姓名香，貫滿梨園」。

馬可‧波羅

馬可‧波羅（Marco Polo）是義大利威尼斯商人，同時也是個旅行家、探險家。他曾經到過中國，當時元朝海外貿易興盛，國內幾個重要的航運都市十分繁榮，馬可‧波羅看到這些景象，印象非常深刻。在他後來寫成的《馬可波羅遊記》中，還特別提到杭州興盛的商業，而杭州後來也成為馬致遠等雜劇作家主要集中的城市。圖為十五世紀一張繪有忽必烈接見馬可‧波羅的手稿。

TOP PHOTO

25

從積極地想要做官，到最後辭官歸田，
馬致遠一生遭遇了哪些事件呢？

1260 年

馬致遠大約生於 1260 年，祖籍為元朝大都（即北京）。他出生於富豪家庭，自幼飽讀經書，滿腹經綸，年輕的時候積極求取功名。

出生

相關的時間

1271 年

元世祖在 1271 年建立了元朝，開啟了中國歷史上第一個由蒙古族統治中原的朝代，1272 年定都在大都。

元朝建立

南宋滅亡

1279 年

1279 年，元人攻陷厓山，南宋將領陸秀夫背負帝昺投海，南宋正式滅亡。

陸秀夫

1285 年

根據鍾嗣成《錄鬼簿》的記載，馬致遠大約是在三十歲左右中進士，也就是在元世祖至元二十二年左右。他曾經擔任江浙行省官吏，後在大都（今北京）任工部主事。

TOP PHOTO

1291 年

元朝正式將科舉制度廢除，使得許多文人沒有晉升管道，於是大量文人轉向進入勾欄等處，發揮文才，促成了元曲的興盛。上圖為元代河北涿州官學科舉門。科舉門可見於當時文廟和考試場內，之所以擺放這種具有象徵意義的牌坊，是為了讓學生從坊下經過的時候，也彷彿寄寓著科舉高中、福祿雙享的意味。

約 1295 年

由於對官場的灰心，馬致遠大約在元朝元貞初年，也就是他四十歲左右，辭去官職，退隱山林。在馬致遠辭官之後，他與幾位好友組成了元貞書會，大量地創作元曲。

1321 年

馬致遠大約死於 1321 年。死後葬於位在元朝大都的祖塋。

馬致遠一生與元曲相關，而元曲是中國戲曲發展上
極關鍵的一環，跟著馬致遠來趟戲曲遊蹤吧！

據說「枯藤老樹昏鴉」所描寫的便是馬致遠的故居，目前位於北京西山門頭溝。經過重新整理之後，不僅立了馬致遠塑像，還再現〈秋思〉的場景，如小橋流水，讓後人感受其作品跨越時空的魅力。

京西故居

相關的地方

臨汾

鳳凰出版社

牛王廟戲台位於山西臨汾，臨汾是元代雜劇發展非常興盛的地方，也因此興建了許多戲臺。這座戲臺有四面立柱，柱上雕有圖飾，風格古樸。

天津戲劇博物館是少數以戲劇為主題的博物館。戲劇博物館的前身是廣東會館，是天津目前保存最完整的清代會館。館內藏有歷代的戲劇文物，像是戲班的道具，是了解戲劇發展的重要一站。

戲劇博物館

TOP PHOTO

河南博物院珍藏了一組河南溫縣出土的宋代雜劇人物和散樂的磚雕，右圖是其中的人物正表演吹笛。這組磚雕共有五個不同的雜劇角色，分別拿著不同的樂器演奏。從他們的行頭裝扮，可以了解此時宋代雜劇的打扮。

河南博物院

TOP PHOTO

崑曲博物館

崑曲博物館位於江蘇，保存了被列為世界文化遺產的崑曲。在這裡不僅能看到崑曲的相關文物，還能看到真正的崑曲表演。

TOP PHOTO

31

原典

天淨沙 —— 秋思

枯藤[1]老樹昏鴉[2]，
小橋流水平沙[3]，

1. 枯藤：枯掉的藤枝
2. 鴉：烏鴉
3. 沙：沙灘、沙地。另有版本為「小橋流水人家」

古道[4]西風瘦馬[5]，

夕陽西下，斷腸人[6]在天涯[7]。

4. 古道：古老、荒廢的道路
5. 瘦馬：瘦弱的馬
6. 斷腸人：指遊子
7. 天涯：指遙遠的地方

換個方式讀讀看

　　深秋的黃昏，細瘦的藤蔓早已乾枯，最後一片葉子，隨著秋的氣息在風中揚長而去，留下一道失去色彩的藤枝，沒有人留意過它。

　　樹齡已高的林木，僅存的葉片在秋風中不停地抖動，彷彿在抵抗這無止境的涼意。

　　尋找窩巢的烏鴉，一邊飛一邊鳴叫，聲音是那麼的哀戚。那哀戚的聲音來自一個個黑漆的身體，聽起來，顯得更加悲涼。

　　溪水依偎著平緩的沙灘，從孤伶伶的木橋下靜靜地流過。

　　多久沒有人走過這木橋了？木橋因為溪水而存在，木橋為了人們行走而存在，但是現在它鋪滿了厚重的落葉，它還有存在的意義嗎？

　　不再有足跡的，不只是那座小小的木橋。荒廢的道路上，掩蓋著野草，早已看不出道路的痕跡了，那也是許久沒有人去踩踏了。

　　西風不了解道路的孤單，吹著枯黃的野草，讓它們低下了腰，道路似

乎又重新看見了日光，一條多麼古老的道路啊。

　　在那片被吹得低低的野草叢裡，仔細尋找，可以看見乾瘦的馬匹，牠們正低頭在乾枯的野草叢裡，尋找食物，西風也把牠們背上的鬃毛，吹得紛亂了。

　　那枚染紅天邊雲彩的夕陽，千百年來沒有改變過，日出、日落，投射過來的光影，卻是愈來愈暗淡。

　　飄泊他鄉的人哪，最難忍受這種景象。

　　在蕭瑟的秋風之中，那種思念家鄉的感受，一陣一陣的心酸是會摧斷肝腸的。

　　在黃昏該回家的時候，異鄉的遊子卻沒有家可回。家在哪裡啊？家在遙遠的天邊，有年老的父母，有兄弟姊妹的地方才是我的家。

　　然而天地這麼大，要回到故鄉去，不知還要經過多少個淒涼的秋天。

原典

撥不斷── 歸隱

菊花開，正歸來，
伴[1]虎溪[2]僧鶴林[3]友龍山[4]客，
似[5]杜工部陶淵明李太白，

1. 伴：陪伴
2. 虎溪：地名，廬山附近
3. 鶴林：寺廟名，位今江蘇
4. 龍山：地名，位今湖北
5. 似：像

有ㄧㄡˇ洞ㄉㄨㄥˋ庭ㄊㄧㄥˊ柑ㄍㄢ東ㄉㄨㄥ陽ㄧㄤˊ酒ㄐㄧㄡˇ西ㄒㄧ湖ㄏㄨˊ蟹ㄒㄧㄝˋ。

哎ㄞ！楚ㄔㄨˇ三ㄙㄢ閭ㄌㄩˊ6休ㄒㄧㄡ怪ㄍㄨㄞˋ7。

6. 三閭：三閭大夫，指屈原
7. 怪：怪罪

換個方式讀讀看

　　在人生的旅程中，大部分的時間，我都在謀求一個位置，尋找一個官位。但是求得高官爵位就能比較快樂嗎？

　　菊花盛開的秋天，我退隱到這個地方來。在這幽靜的山林之間，陪伴著我的，有誰呢？

　　有得道的高僧，他像東晉時代的慧遠法師那樣，送客從不越過虎溪，但有一次為了談得來的朋友，不知不覺越過界線而開懷大笑；也有法力高強的道士好友，像五代時的鶴林寺道士，能讓春天的杜鵑在秋天開放；更有那心胸開闊的好友，就像晉代的孟嘉旅遊龍山那樣，帽子被風吹到地上，被人取笑，他也不會在意。

　　這都是我在這裡結交的好朋友。他們的所作所為，讓我忍不住想起一些我敬仰的人。不向權貴低頭的杜甫、李白，不為五斗米折腰的陶淵明。這些令我仰慕的人，都擁有一身的好文采，寫得一手好文章，卻也擁有一身傲骨，這正是我欣賞他們的地方。

　　我的這些朋友，跟我敬仰的人一樣，隱居在這山林裡，喝酒、吟詩、散步、唱歌。俗世間的紛紛擾擾，再也不會打擾到我們，跟他們在一起，就是這麼快樂。

有美好的景物，又有良師益友，擁有這些，人生就已足夠了，我還奢求什麼呢？但是老天還是熱情地款待我。

　　這附近有太湖洞庭山出產的柑橘，甜蜜多汁，遠近馳名。有一種用糯米釀造的酒，香氣四溢，令人回味無窮。還有西湖出產的螃蟹，碩大肥美，讓人百吃不厭。

　　擁有了這些奢華的享受，不禁讓我想起一身傲骨的屈原。

　　屈原忠君愛國，一輩子憂國憂民。但是楚懷王只聽得進小人說的話，把屈原流放到江南去。屈原的憂悶只能往肚子裡吞，一片忠誠得不到信任，最後只好投進汨羅江，委屈地離開人世。

　　屈原哪！三閭大夫啊，如果你知道，世界上還有種種樂趣：取之不盡的美景、享用不完的美食，還有看淡一切的朋友……三閭大夫啊，你還會投進汨羅江去嗎？

　　也許你會說我，懷才不遇卻不能堅持自己的志向，也許你會說我比不上你的清高，但是，三閭大夫，你不要怪我。

　　人生還有什麼比這樣更愜意？比這些更值得追尋？

原典

落梅風──煙寺晚鐘

寒煙細[1]，
古寺清[2]，
近黃昏禮佛[3]人靜。

1. 細：微弱
2. 清：冷清
3. 禮佛：朝拜

順ㄕㄨㄣ西ㄒㄧ風ㄈㄥ晚ㄨㄢˇ鐘ㄓㄨㄥ三ㄙㄢ四ㄙˋ聲ㄕㄥ，

怎ㄗㄣˇ生ㄕㄥ[4]教ㄐㄧㄠ老ㄌㄠˇ僧ㄙㄥ禪ㄔㄢˊ定ㄉㄧㄥˋ[5]。

4. 怎生：如何
5. 禪定：心神集中，不受誘惑

換個方式讀讀看

　　天氣漸漸涼了，古老的僧寺裡，一炷炷清香燃著一炷炷希望，一炷炷希望飄出一陣陣香煙。

　　香煙圍繞著這古老的僧寺，僧寺靜寂得沒有一絲聲音。

　　在沒有聲音的時候，寂寞的感覺就像寒風一樣，吹進心底，無法抵擋，也無法脫離。

　　進到寺裡拜佛的人們，到了黃昏的時刻，漸漸地離開了。

　　他們祈求什麼呢？功成名就？順利如意？平安健康？如果是我，我該祈求什麼呢？我來到古寺的佛像前，我要祈求什麼？

　　我不求功名，也順利如願歸隱這山林，身體健康平安，我沒有需要祈求的。

　　西風之中，迴蕩著鐘聲，一聲、兩聲，迴蕩在這靜寂的僧寺的廊柱之間；三聲、四聲，讓人無法分辨，這是回聲還是鐘聲。

　　我平靜的心，被這鐘聲催得輕輕震盪著。我的心，真的平靜了嗎？為

什麼這冷清清的感覺，令我無法忍受？

　　過去的事又浮現腦海，我真的平靜了嗎？我真的一無所求嗎？

　　古寺裡的老僧啊，你年年月月敲著木魚，日日夜夜誠心地禮佛、念佛。在這沉靜、寒涼的寺裡，在這鐘聲響起的黃昏時刻，拜佛的人們都回家去了，你的心裡，真的沒有一絲絲的雜念？你真的可以放下一切牽掛，靜靜地打坐？

　　老僧啊，這黃昏的鐘聲，敲破寂靜，也敲破我的平靜。

　　我也有祈求，我也有對未來的希望，我以為我已經放下一切，平靜地在這山林裡隱居，但是這鐘聲讓我面對自己內心的聲音，是那麼的清晰，是那麼的不平靜。

　　老僧啊，難道你沒有回憶？在這迴盪不止的鐘聲裡，為什麼你依舊靜坐，不為所動？

換個方式讀讀看

　　春天來了！五陵一帶，富貴人家的兒郎，穿著錦衣綢緞，光鮮亮麗地騎著駿馬出門來了。春風輕輕地吹拂而過，拂過他們高大強健的馬匹，那仰著頭壯碩的馬匹。

　　馬匹身上，裝飾得無比華麗，玉珮、銅鈴、彩色的織錦，叮叮咚咚的在這舒適的春風裡，踏著輕快的步伐，那些穿著錦衣的兒郎，打算出門欣賞美麗的風光。

　　這是暖洋洋的三月天，風和日麗的時節，也是西湖最美麗的季節。

　　絲竹管弦的音樂聲，在風裡輕盈地傳送，水面上也跳躍著音樂，盪漾出點點水波和漣漪。黃鶯這邊輕唱、那邊啼叫，好像附和著音樂的聲音。粉嫩的桃花開了滿樹，花瓣在音樂聲中，一片片飄落在翠綠的草地上；李花也打扮成嬌豔的模樣，向這春天報到。

　　遊客像花鳥一樣，成群結伴地在西湖邊欣賞美景。如果不懂得欣賞西湖的美，就不會來到這裡。欣賞過西湖的美，就永遠忘不了。

　　在這美好的風光景物下，還能做什麼呢？良辰美景之中，讓人不自覺地想要擁抱著山水高歌一曲，歌頌她的美；如果還有一壺酒，那就更好了，喝一小口清甜的酒，看著令人迷醉的西湖，自然而然就想為她吟詩

作詞。

　蘇東坡曾經為西湖寫下這樣的詩句：「如果把西湖比喻成西施這位美麗的女子，那是再恰當不過的。西湖就像西施一樣，濃妝的時候，有一種豔麗的美；淡妝的時候，有一種脫俗的美。豔麗、脫俗，都是這麼的適合她。」

　他比喻得真好，這西湖真的就像西施一樣美。

　一陣雨過後，遠山更加清晰，顯出青綠的蒼翠。浮在山腰上的，是白茫茫的霧氣，好像鎖在西施眉梢，那一抹淡淡的憂鬱。

　西施的笑很美，她的憂鬱更美。

　而那細細的柳絲，在風中輕輕地飄動時，忍不住又會想起西施，她那像雲一樣柔軟的髮絲，被風輕輕挑起時，也是這麼惹人憐愛。

　經過春雨的滋潤，西湖更加楚楚動人，像什麼呢？還是西施。像飽睡一場，剛剛醒來的西施，是那麼容光煥發，那麼嫵媚動人、嬌柔可愛。

　好友盧疏齋寫過四首關於西湖的曲，他也是把西湖比擬作西施。我寫這首曲來和他互相應和。

原典

金（ㄐㄧㄣ）字（ㄗˋ）經（ㄐㄧㄥ）

夜（ㄧㄝˋ）來（ㄌㄞˊ）西（ㄒㄧ）風（ㄈㄥ）裡（ㄌㄧˇ），

九（ㄐㄧㄡˇ）天（ㄊㄧㄢ）[1] 鵰（ㄉㄧㄠ）鶚（ㄒㄧㄠ）[2] 飛（ㄈㄟ），

困（ㄎㄨㄣˋ）煞（ㄕㄚ）[3] 中（ㄓㄨㄥ）原（ㄩㄢˊ）一（ㄧ）布（ㄅㄨˋ）衣（ㄧ）[4] 。

1. 九天：天的高處
2. 鵰鶚：鷹
3. 煞：極
4. 布衣：平民

悲ㄅㄟ，故ㄍㄨˋ人ㄖㄣˊ知ㄓ未ㄨㄟˋ知ㄓ，

登ㄅㄥ樓ㄌㄡˊ[5]意ㄧˋ，

恨ㄏㄣˋ[6]無ㄨˊ天ㄊㄧㄢ上ㄕㄤˋ梯ㄊㄧ。

5.登樓：登上高樓
6.恨：遺憾悔恨

換個方式讀讀看

　　夜深人靜的時候，秋蟲唧唧唧地鳴叫，一聲大過一聲，但我分不清這是真實的世界，還是夢裡的世界。

　　我只知道，在強勁的西風之中，我是一隻展開翅膀的大鷹，我的翅膀一振動，就隨著風飛上了最高的天空，飛到雲海的上方。

　　白雲就在我的腳下，我是一隻展翅高飛的巨鷹，自由自在地飛，飛得高、飛得遠。在藍藍的天空下，在高高的雲層上，我是一隻沒有人能抵擋的鷹。

　　我的心願不就是這樣嗎？當一個國家的官員，爬上高高的地方，保護萬萬個人民，施展自己的理想、抱負，不怕任何阻攔。

　　我真的做到了！我是一隻鷹，翱翔在九重天上，每一種鳥類都躲開，沒有人敢在我面前戲耍。

　　我的志願終於達成了！

　　我的理想真的實現了嗎？為什麼我的身體不斷地往下墜？我的翅膀呢？我那片高高的天空呢？

這是真實的、還是虛幻的？我分不清楚這是真、還是夢？

　　為什麼我身上穿的是一件平民百姓的布衣？再看看四周，我困居在中原，雙翅不能飛，雙手不能施展抱負，在動亂之中，隨著波浪上下浮沉。

　　我根本就不是巨鷹。

　　多麼令人難過。我的內心，有沒有人了解？我想要為國家做事、為人民爭權益，我的理想，有沒有人知道？

　　東漢時的王粲，他也曾不被重用，內心的不快樂，讓他寫出了有名的〈登樓賦〉。

　　我也有更上一層樓的心願，也想要得到重用，施展我的抱負。我也有那鴻鳥一樣的志願，飛到高高的天空，展現我的才華。

　　但是誰能告訴我，哪裡有這樣的樓梯，可以爬上又高又遠的九重之天？即使沒有巨鷹的一對翅膀，我靠著雙腳往上爬，我相信，一定也可以登上高峰。

　　我只恨沒有可以一步登天的梯子啊！

原典

四塊玉──恬退

酒旋沽[2]，魚新買，
滿眼雲山畫圖開，
清風明月還詩債，

1. 旋：剛剛
2. 沽：買酒

本是個懶散人，
又無甚[3]經濟[4]才，
歸去來。

3. 無甚：沒什麼
4. 經濟：指經世濟民

換個方式讀讀看

　　這香氣四溢的酒呀，是剛剛從酒店裡買回來的，那經過長時間醞釀的芳香氣息，一年勝過一年，絕對騙不了人，嘗一口就知道藏在地窖裡有多久了。

　　這新鮮活跳的魚啊，也是才從釣魚的人手上買下來的。不只是新鮮，還特別的肥美，要蒸要煮都可以，肯定入口就能嘗到魚肉的香甜。

　　人生還有什麼事，比吃喝都滿足了還要幸福？在官場裡看遍了是是非非，種種厭煩的事，讓我吃得不順心，喝也不順口，心情不好，滿桌山珍海味也讓人失去胃口。

　　我這隱退的生活裡，簡單的食物，就讓我回味無窮。酒足飯飽的時候，快樂就從腸胃裡冒出來，直接通到腦子裡，原來快樂就是這麼容易。

　　吃飽喝足了，推開簡陋的窗子，呈現在我眼前的，是堆砌得像一座山的雲。層層疊疊，像一幅潑墨畫、像一幅寫意畫，或者，就像畫家打翻

了調色盤，染得畫布一片雲山雲海。

　我看著看著，覺得自己就像在圖畫裡一樣，多麼暢快啊。

　清涼的微風裡，低低地吟誦幾個句子，這些累積在腦海裡的句子，像頑皮的孩子一樣，在腦子裡不斷地跳躍出來，要我趕快記下來。月色這麼美好，該寫出來的句子，就讓我在月光下，暢快地把它們寫下來吧。

　看看我自己，根本就是一個懶散的人，哪裡有什麼治理天下大事、管理錢財的能力，傻呼呼地去爭著要當官，弄得自己一身不快活。過了那麼多年追逐名利的生活，卻什麼也沒追到，早該辭了官，退休隱居起來。

　這退休的生活，再也不必理會官場裡的是非曲直，再也不必看別人的臉色，在林子裡賞花吟詩，人世間的擾擾攘攘影響不到我，還有什麼比這樣更愜意的？

原典

四ㄙ塊ㄎㄨㄞ 玉ㄩˋ —— 馬ㄇㄚˇ嵬ㄨㄟˊ坡ㄆㄛ

睡ㄕㄨㄟˋ海ㄏㄞˇ棠ㄊㄤ[1]，春ㄔㄨㄣ將ㄐㄧㄤ晚ㄨㄢˇ[2]，

恨ㄏㄣˋ不ㄅㄨˋ得ㄉㄜˊ明ㄇㄧㄥ皇ㄏㄨㄤˊ[3]掌ㄓㄤˇ中ㄓㄨㄥ看ㄎㄢˋ。

霓ㄋㄧˊ裳ㄕㄤ[4]便ㄅㄧㄢˋ是ㄕˋ中ㄓㄨㄥ原ㄩㄢˊ患ㄏㄨㄢˋ[5]，

1. 海棠：海棠花
2. 晚：末期，即將結束
3. 明皇：唐明皇，即唐玄宗
4. 霓裳：指〈霓裳羽衣曲〉，此指楊貴妃
5. 患：禍害

不因這玉環，

引起那祿山[6]，

怎知蜀道難[7]。

6. 祿山：安祿山，引起安史之亂
7. 蜀道難：指李白的詩作〈蜀道難〉

換個方式讀讀看

　　如果要用一種花來形容楊貴妃，那只有美麗的海棠，而且一定要是最深最深的春天，那幾乎接近夏天時，開得最燦爛的海棠花。

　　她是一朵從沉睡中剛醒過來的海棠，那麼的清新嬌柔，那麼的惹人愛憐，讓唐明皇恨不得把她捧在手心上，像稀世珍寶那樣，日日夜夜地在眼前，仔細地欣賞、仔細地觀看。

　　只有她，她才是皇帝的全部，她的一舉一動都牽繫著皇帝，讓皇帝再也不想管理國家大事；她的美，讓皇帝再也不想早起。

　　當楊貴妃跳起霓裳羽衣舞，是多麼的吸引人，唐明皇目不轉睛地看著她，彷彿全世界只有她。在皇帝的後宮，有好幾千個容貌美麗的女子，但是唐明皇誰都不要，他只要楊貴妃，他只寵愛她一個。

　　美麗的外表，究竟是上天賜予的幸運，還是上天給予的禍害？皇帝再也不管朝廷大事，國家自然容易亂亡。安祿山趁著皇帝荒廢朝政的時

候，起兵作亂，唐明皇匆匆忙忙地逃離國都，往四川崎嶇的山路逃難。

　　路途之中，軍士將領再也不肯前進，他們認為這場災難是因楊貴妃而起，皇帝必須賜死貴妃，天下才有得救。

　　唐明皇真心摯愛的貴妃，無奈的，在馬嵬坡這個地方離開了人世。

　　兩眼茫然的唐明皇，在寸步難行的道路上，不知道自己該往哪一個方向走去。

　　如果不是美麗的貴妃──楊玉環，怎麼會引起這麼大的安祿山叛亂？

　　如果不是安祿山的叛亂，皇帝又怎麼會奔逃在這坎坷的道路上？

　　如果不是這場逃難，在皇宮裡長大的皇帝，又怎麼能夠明白，李白在〈蜀道難〉裡描寫的四川道路，是這麼的高低不平。

　　而人生的道路，何嘗不是這麼的崎嶇難行──皇帝又怎麼會知道呢？

清江引——野興

西村日長人事[1]少，

一個新蟬噪[2]，

恰待葵花開，

1. 人事：世間的事
2. 噪：喧鬧鳴叫

又ㄧㄡˋ早ㄗㄠˇ蜂ㄈㄥ兒ㄦ鬧ㄋㄠˋ³，

高ㄍㄠ枕ㄓㄣˇ上ㄕㄤˋ夢ㄇㄥˋ隨ㄙㄨㄟˊ蝶ㄉㄧㄝˊ去ㄑㄩˋ了ㄌㄧㄠˇ。

3. 鬧：嬉鬧

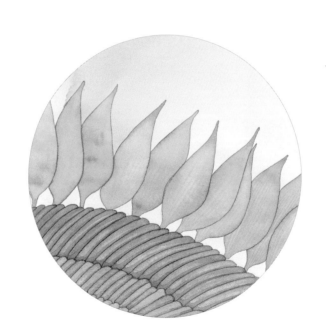

換個方式讀讀看

退休之後，隱居的生活快樂無比。還有什麼比官府的敗壞更令人痛心？讓我當一個樹林中隱居的人，這些年紀比我還大的樹木，都是我的朋友。

夏天來臨了，白天愈來愈長，我住的西邊這個小村子裡，常常一整天都看不到一個人影，什麼事也沒有發生。

夏天就是這麼的漫長，太陽移動得特別緩慢，不肯下山去。雖然有點兒無聊，但是我還是可以發現一些新鮮事。

當第一聲蟬鳴，劃開燥熱的空氣，衝進耳朵裡的時候，就宣告著：夏天來了！

別小看這一聲蟬鳴，它可是大自然的總管，它宣布了才算。

葵花就是接到這樣的通知，才開放的；蟬不喧鬧，她不開花。現在總

算讓蟬兒把她叫醒，點綴著這寂靜的夏天，弄出滿園子的熱鬧繽紛。

葵花一開，蜜蜂們好像也接到通知，告訴他們夏天來了，迫不及待地圍繞著葵花，嗡嗡嚶嚶地採著花蜜。這朵花兒停一下、那朵花兒上休息一下。夏天的早晨，我常常被這採花蜜的蜜蜂兒吵醒。

午後，陽光照得人也懶散了起來，睡午覺是最好的事，腦子裡再也沒有煩惱的事來困擾。過去那種吃不下、睡不著的日子，早已遠去了。

就讓我隨處找個地方躺下來，讓我學學莊子吧，在夢裡，隨著蝴蝶四處逍遙、飛舞。

在柔美的夢裡，我也會忘了，是蝴蝶變成了我，還是我變成了蝴蝶。

不管誰變成誰，讓我永遠不要從這愉快的夢裡醒來，讓我永遠過著與世無爭、快樂逍遙的生活吧！

清江引——野興

東籬[1]本是風月主[2]，

晚節[3]園林趣，

一枕葫蘆架，

1. 東籬：東籬是馬致遠的號，為自稱
2. 風.月主：此為清風明月的主人
3. 晚節：晚年

幾ㄐㄧˇ行ㄏㄤˊ垂ㄔㄨㄟˊ柳ㄌㄧㄡˇ樹ㄕㄨˋ，

是ㄕˋ搭ㄉㄚ兒ㄦˊ[4]快ㄎㄨㄞˋ活ㄏㄨㄛˊ閒ㄒㄧㄢˊ住ㄓㄨˋ處ㄔㄨˋ。

4.搭兒：一處地方

換個方式讀讀看

　　我是清風明月的主人，大自然在我的四周，圍繞著我，我喜歡大自然，大自然也因為有我的欣賞，更加的快活。

　　我多麼嚮往陶淵明歸隱田園的生活，欣賞他的詩句：「采菊東籬下，悠然見南山。」這是多麼美的意境啊，我想效法他的生活，所以我就用「東籬」兩個字當作我的名號。

　　希望我永遠不要忘記，這位令我心儀的人，還有他的世外桃源。我會跟他一樣，拋開一切名利祿位，去追尋大自然的奧妙神奇。

　　到了年紀大的時候，我突然覺得自己過去的生活，真是荒唐可笑，那種為了官位互相猜忌、陷害的心態，真是醜陋極了。愈是這樣，我愈覺得陶淵明的恬靜更適合我。

　　我也要過這種在園林裡種花、種菜、種樹的生活。

我在院子裡，搭起一個棚架，種上一株葫蘆。看它在棚架上往前伸展，快速的樣子讓我覺得心情好極了。接著開花、結果，棚架上掛著一個個玲瓏有致的葫蘆瓜，還有什麼比這景象更令人著迷？

　　我還種了幾排楊柳，柔嫩的柳條在風裡輕輕搖曳，迎著風，好像女子搖擺著輕細的髮絲，這情景像一首詩又像一幅畫——田園的生活，處處都是驚喜。

　　這裡雖然簡陋，卻是一個快樂又悠閒的地方啊！沒有纏繞心裡，揮也揮不去的煩惱，只有欣欣向榮、有生命氣息的樂趣。

　　原來，我正是清風明月的主人哪！我本來就屬於這種生活，為什麼一直到現在，我才發現這其中的美妙！幸好還不算太晚，我要過這種快意的生活，這種充滿趣味的田園生活。

當馬致遠的朋友

　　不論怎麼努力，還是擺脫不了現實的壓迫，真的很令人無奈吧！就像再怎麼努力讀書，還是考不了一百分，總是會令人沮喪。難道遇到這些困難就要直接放棄嗎？如果你認識了馬致遠，相信你一定可以找到另一種解決問題的角度。

　　馬致遠生活在充滿蒙古人壓迫的時代，他曾經也很積極地讀書，希望藉由做官來改善百姓的生活。可是他怎麼嘗試，都沒有用，不過他沒有放棄喔。他想到了另一個方法，既然不能從政治上來改善人民的生活，那就至少讓人民可以從平常的生活娛樂中獲得開心吧！所以他很努力地創作元曲與雜劇，寫出了一篇篇動人的故事，讓這些故事可以搬上舞台演出，帶給百姓一些些調劑與發洩。所謂山不轉路轉，馬致遠就是有這樣的本事，讓他即使遭遇挫折，也還能振作，找到新的努力方向。

　　可是馬致遠厲害的地方還不僅止於此。除了能換個心境看待人生的挫折，馬致遠還能把名跟利這些東西拋在腦後，所以他才能這麼沒有牽絆地把自己整個投入在元曲的創作中。也因為如此，他創作出來的元曲才會這麼動人，最後成為了元曲四大天王！

　　有馬致遠作伴，不管是遭遇困難，或是喪失熱情，你都不會感到孤單。因為你知道永遠都有個馬致遠始終不曾放棄理想，也克服過現實的困境，盡力燃燒過自己呢！

我是大導演

看完了馬致遠的故事之後，
現在換你當導演。
請利用紅圈裡面的主題（元曲），
參考白圈裡的例子（例如：歸隱），
發揮你的聯想力，
在剩下的三個白圈中填入相關的詞語，
並利用這些詞語畫出一幅圖。

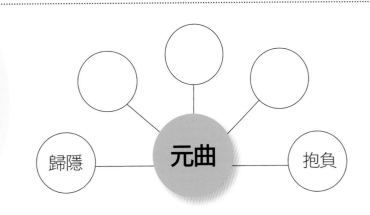

◎ 少年是人生開始的階段。因此，少年也是人生最適合閱讀經典的時候。

因為，這個時候讀經典，可以為將來的人生旅程準備豐厚的資糧。

因為，這個時候讀經典，可以用輕鬆的心情探索其中壯麗的天地。

◎ 【經典少年遊】，每一種書，都包括兩個部分：「繪本」和「讀本」。

繪本在前，是感性的、圖像的，透過動人的故事，來描述這本經典最核心的精神。

小學低年級的孩子，自己就可以閱讀。

讀本在後，是理性的、文字的，透過對原典的分析與說明，讓讀者掌握這本經典最珍貴的知識。

小學生可以自己閱讀，或者，也適合由家長陪讀，提供輔助說明。

001 詩經　最早的歌
Book of Odes:The Earliest Collection of Songs
原著／無名氏　原典改寫／唐香燕　故事／比方　繪圖／AU

聽！誰在唱歌？「關關雎鳩，在河之洲，窈窕淑女，君子好逑。」這是兩千多年前的人民，他們辛苦工作、努力生活，把喜怒哀樂唱進歌裡頭，也唱成了《詩經》。這是遙遠從前的人們，為自己唱的歌。

002 屈原　不媚俗的楚大夫
Ch'ü Yüan:The Noble Liegeman
原著／屈原　原典改寫／詹凱婷　故事／張瑜珊　繪圖／灰色獸

如果說真話會被討厭、還會被降職，誰還願意說出內心話？屈原卻仍然說著：「是的，我願意。」屈原的認真固執，讓他被流放到遠方。他只能把自己的真心話寫成《楚辭》，表達心中的苦悶和難過。

003 古詩十九首　亂世的悲歡離合
Nineteen Ancient Poems:Poetry in Wartime
原著／無名氏　原典改寫／康逸藍　故事／張瑜珊　繪圖／吳孟芸

蕭統喜集真文學，喜歡蒐集優美的作品。這些作品是「古詩十九首」，不知道作者是誰，也無法確定究竟來自於何時。當蕭統遇見「古詩十九首」，他看見離別的人，看見思念的人，還看見等待的人。

004 樂府詩集　說故事的民歌手
Yuefu Poetry:Tales that Sing
編者／郭茂倩　原典改寫／劉湘湄　故事／比方　繪圖／茵先生

《樂府詩集》是古老的民歌，唱著花木蘭代父從軍的勇敢，唱出了採蓮遊玩的好時光。如果不是郭茂倩四處蒐集，將五千多首詩整理成一百卷，我們今天怎麼有機會感受到這些民歌背後每一則動人的故事？

005 陶淵明　田園詩人
T'ao Yüan-ming:The Pastoral Poet
原著／陶淵明　原典改寫／唐香燕　故事／鄧芳喬　繪圖／黃雅玲

陶淵明不喜歡當官，不想為五斗米折腰。他最喜歡的生活就是早上出門耕作，空閒的時候看書寫詩，跟朋友喝點酒，開心就大睡一場。閱讀陶淵明的詩，我們也能一同享受關於他的，最美好的生活。

006 李白　長安有個醉詩仙
Li Po:The Drunken Poet
原著／李白　原典改寫／唐香燕　故事／比方　繪圖／謝祖華

要怎麼稱呼李白？是詩仙，還是酒仙？是浪漫的劍客，還是頑皮的大孩子？寫詩是他最出眾的才華，酒與月亮是他的最愛。李白總說著「人生得意須盡歡」，還說「欲上青天攬明月」，那就是他的任性、浪漫與自由。

007 杜甫　憂國的詩聖
Tu Fu:The Poet Sage
原著／杜甫　原典改寫／周姚萍　故事／鄧芳喬　繪圖／王若齊

為什麼詩人杜甫這麼不開心？因為當時的唐朝漸漸破敗，又是戰爭，又是饑荒，杜甫看著百姓失去親人，流離失所。他像是來自唐朝的記者，為我們報導了太平時代之後的動亂，我們看見了小老百姓的真實生活。

008 柳宗元　曠野奇情的旅行者
Liu Tsung-yüan:The Travelling Poet
原著／柳宗元　原典改寫／岑澎維　故事／張瑜珊　繪圖／陳尚仁

柳宗元年輕的時候就擁有好多夢想，等待實現。幾年之後，他卻被貶到遙遠的南方。他很失落，卻沒有失去對生活的希望。他走進永州的山水，聽樹林間的鳥叫聲，看湖面上的落雪，記錄南方的風景和生活。

◎ 【經典少年遊】，我們先出版一百種中國經典，共分八個主題系列：
詩詞曲、思想與哲學、小說與故事、人物傳記、歷史、探險與地理、生活與素養、科技。
每一個主題系列，都按時間順序來選擇代表性的經典書種。

◎ 每一個主題系列，我們都邀請相關的專家學者擔任編輯顧問，提供從選題到內容的建議與指導。
我們希望：孩子讀完一個系列，可以掌握這個主題的完整體系。讀完八個不同主題的系列，
可以不但對中國文化有多面向的認識，更可以體會跨界閱讀的樂趣，享受知識跨界激盪的樂趣。

◎ 如果說，歷史累積下來的經典形成了壯麗的山河，那麼【經典少年遊】就是希望我們每個人
都趁著年少，探索四面八方，拓展眼界，體會山河之美，建構自己的知識體系。
少年需要遊經典。
經典需要少年遊。

009 李商隱　情聖詩人
Li Shang-yin:Poet of Love
原著／李商隱　原典改寫／唐香燕　故事／張瓊文　繪圖／馬樂原
「春蠶到死絲方盡，蠟炬成灰淚始乾。」這是李商隱最出名的情詩。他
在山上遇見一個美麗宮女，不僅為她寫詩，還用最溫柔的文字說出他的
想念。雖然無法在一起，可是他的詩已經成為最美麗的信物。

010 李後主　思鄉的皇帝
Li Yü:Emperor in Exile
原著／李煜　原典改寫／劉思源　故事／比方　繪圖／查理宛豬
李後主是最有才華的皇帝，也是命運悲慘的皇帝。他的天真善良，讓他
當不成一個好君主，卻成為我們心中最溫柔善感的詞人，也總是讓我們
跟著他嘆息：「問君能有幾多愁，恰似一江春水向東流。」

011 蘇軾　曠達的文豪
Su Shih:The Incorrigible Optimist
原著／蘇軾　原典改寫／劉思源　故事／張瑜珊　繪圖／桑德
誰能精通書畫，寫詩詞又寫散文？誰不怕挫折，幽默頑皮面對每一次困
境？他就是蘇軾。透過他的作品，我們看到的不僅是身為「唐宋八大家」
的出色文采，更令人驚嘆的是他處處皆驚喜與享受的生活態度。

012 李清照　中國第一女詞人
Li Ch'ing-chao:The Preeminent Poetess of China
原著／李清照　原典改寫／劉思源　故事／鄧芳喬　繪圖／蘇力卡
李清照與丈夫趙明誠雖然不太富有，卻用盡所有的錢搜集古字畫，帶回
家細細品味。只是戰爭發生，丈夫過世，李清照像落葉一樣飄零，所有
的難過，都只能化成文字，寫下一句「簾捲西風，人比黃花瘦」。

013 辛棄疾　豪放的英雄詞人
Hsin Ch'i-chi:The Passionate Patriot
原著／辛棄疾　原典改寫／岑澎維　故事／張瑜珊　繪圖／陳柏龍
辛棄疾，宋代的愛國詞人。收回被金人佔去的領土，是他的夢想。他把
這個夢想寫進詞裡，成為豪派派詞人的代表。看他的故事，我們可以感
受「氣吞萬里如虎」的氣勢，也能體會「卻道天涼好箇秋」的自得。

014 姜夔　愛詠梅的音樂家
Jiang K'uei:Plum Blossom Musician
原著／姜夔　原典改寫／嚴淑女　故事／張瓊文　繪圖／57
姜夔是南宋詞人，同時也是音樂家，不僅自己譜曲，還留下古代的樂譜，
將古老的旋律流傳到後世。他的文字優雅，正如同他敏感細膩的心思。
他的創作，讓我們理解了萬物的有情與奧妙。

015 馬致遠　歸隱的曲狀元
Ma Chih-yüan:The Carefree Playwright
原著／馬致遠　原典改寫／岑澎維　故事／張瓊文　繪圖／簡漢平
「枯藤老樹昏鴉，小橋流水平沙」，是元曲家馬致遠最出名的作品，他
被推崇為「曲狀元」。由於仕途不順，辭官回家。這樣曠達的思想，讓
馬致遠的作品展現豪氣，被推崇為元代散曲「豪放派」的代表。

經典 ○
少年遊

youth.classicsnow.net

015
馬致遠 歸隱的曲狀元
Ma Chih- yüan
The Carefree Playwright

編輯顧問（姓名筆劃序）
王安憶　王汎森　江曉原　李歐梵　郝譽翔　陳平原
張隆溪　張臨生　葉嘉瑩　葛兆光　葛劍雄　鄭培凱

原著：馬致遠
原典改寫：岑澎維
故事：張瓊文
封面繪圖：簡漢平　游峻軒
內頁繪圖：簡漢平

主編：冼懿穎
編輯：張瑜珊　張瓊文　鄧芳喬
美術設計：張士勇　倪孟慧
校對：呂佳真

企畫：網路與書股份有限公司
出版者：大塊文化出版股份有限公司
台北市10550南京東路四段25號11樓
www.locuspublishing.com
讀者服務專線：0800-006689
TEL：+886-2-87123898
FAX：+886-2-87123897
郵撥帳號：18955675
戶名：大塊文化出版股份有限公司
法律顧問：全理法律事務所董安丹律師

總經銷：大和書報圖書股份有限公司
地址：新北市新莊區五工五路2號
TEL：+886-2-8990-2588
FAX：+886-2-2290-1658
製版：沈氏藝術印刷股份有限公司

初版一刷：2012年10月
定價：新台幣299元